LES ANIMAUX
PRÉHISTORIQUES

Conception
Émilie BEAUMONT

Texte
Agnès VANDEWIELE

Illustrations
Franco TEMPESTA

Nous remercions pour leurs précieux conseils : Dr Delphine Angst,
Nathalie Bardet (directrice de recherche au CNRS, CR2P, MNHN, Paris),
Gaël Clément (professeur en paléontologie, MNHN, Paris),
Damien Germain (maître de conférences au MNHN, Paris),
Sandrine Ladevèze (chercheur au CNRS, au centre de recherche
sur la paléobiodiversité et les paléoenvironnements CR2P, Paris),
Marylène Patou-Mathis (directrice de recherche au CNRS) et
Romain Vullo (paléontologue, CNRS Géosciences, Rennes).

FLEURUS ÉDITIONS, 15-27, rue Moussorgski, 75018 PARIS
www.fleuruseditions.com

LES PREMIERS POISSONS

Les premiers poissons, apparus il y a 530 millions d'années environ, n'avaient ni mâchoires ni nageoires paires. Pour se nourrir, ils filtraient dans l'eau de minuscules particules et se déplaçaient en remuant la queue. Les poissons cuirassés, couverts de plaques osseuses, furent les premiers à posséder des mâchoires sans dents. Pouvant alors se nourrir d'aliments plus gros, ils devinrent plus grands et plus mobiles. Après la disparition des poissons cuirassés, les poissons munis de mâchoires et de dents se diversifièrent.

Le leedsichthys ▲

D'une longueur estimée à 17 m, c'est certainement le plus grand poisson osseux ayant jamais existé ! Vivant il y a 155 millions d'années dans les océans, ce géant filtrait l'eau de mer pour capturer le plancton dont il se nourrissait.

▼ Le sacabambaspis

Avec sa grosse tête protégée par un bouclier osseux, ses deux petits yeux situés à l'avant de la tête et son corps sans nageoires latérales, cet étrange poisson de 25 cm de long ressemblait à un gros têtard. Il n'avait ni mâchoires ni dents et gardait toujours la bouche ouverte pour aspirer de petits organismes (plancton, algues). Il naviguait dans des eaux peu profondes, et des terminaisons nerveuses sur ses côtés lui permettaient de se repérer et de sentir d'où venaient les remous d'eau trahissant la présence possible de prédateurs. Le sacabambaspis vivait il y a 470 millions d'années.

Le dunkleosteus ▲

Couvert d'un bouclier d'os qui protégeait toute la partie avant de son corps, ce redoutable prédateur marin de 8 m de long, vivant il y a 415 à 360 millions d'années, était pratiquement invulnérable. Pour déchiqueter ses proies, il ouvrait ses terribles mâchoires constituées de plaques osseuses tranchantes comme des lames de rasoir. Sa morsure était très puissante. Et, si l'occasion se présentait, il n'hésitait pas à dévorer ses semblables.

Le paraceratherium

L'andrewsarchus,
et au fond l'hyracotherium

L'élasmosaure et l'ophtalmosaure

Le meganeura

Le postosuchus

Le pelagornis

L'arthropleura

Le smilodon

Les cœlacanthes ▶

Ces animaux marins au
corps massif étaient en réalité plus
proches des vertébrés terrestres
que des poissons, car ils
avaient des os articulés dans
leurs nageoires paires, faisant
d'elles des sortes de petits
bras et de petites jambes.
Les plus petits cœlacanthes mesuraient 40 cm,
les plus grands pouvaient dépasser les 4 m.
Alors que l'on croyait les cœlacanthes disparus,
un pêcheur en captura un vivant en 1938, au
large de l'Afrique du Sud. Mais le cœlacanthe
actuel, le latimeria, ne ressemble pas
exactement à ses ancêtres.

▼ Le tiktaalik

Avec son long museau, ce poisson
aux allures de crocodile vivait
il y a 375 millions d'années dans
les fonds vaseux d'environnements
côtiers. Ses nageoires terminées
par un court voile en éventail étaient
soutenues par des os si solides que
le tiktaalik devait pouvoir se hisser
temporairement sur les rives pour
chasser de petits animaux terrestres.
Ainsi, ce poisson « à pattes » serait
le plus proche parent des amphibiens,
dont font partie les grenouilles.

◀ Le cladoselache

Ce rapide nageur au corps
fuselé est l'un des premiers
requins connus. Il chassait, il y a
360 millions d'années, de petits
poissons osseux et des arthropodes
marins (voir pages 8-9). Sa mâchoire
était munie de dents de 2 cm de haut,
qui se renouvelaient régulièrement. Mais
ses nageoires, moins mobiles que celles
des requins actuels, ne lui donnaient guère
de chances d'échapper au dunkleosteus,
car elles ne lui permettaient pas de
changer de direction brusquement.

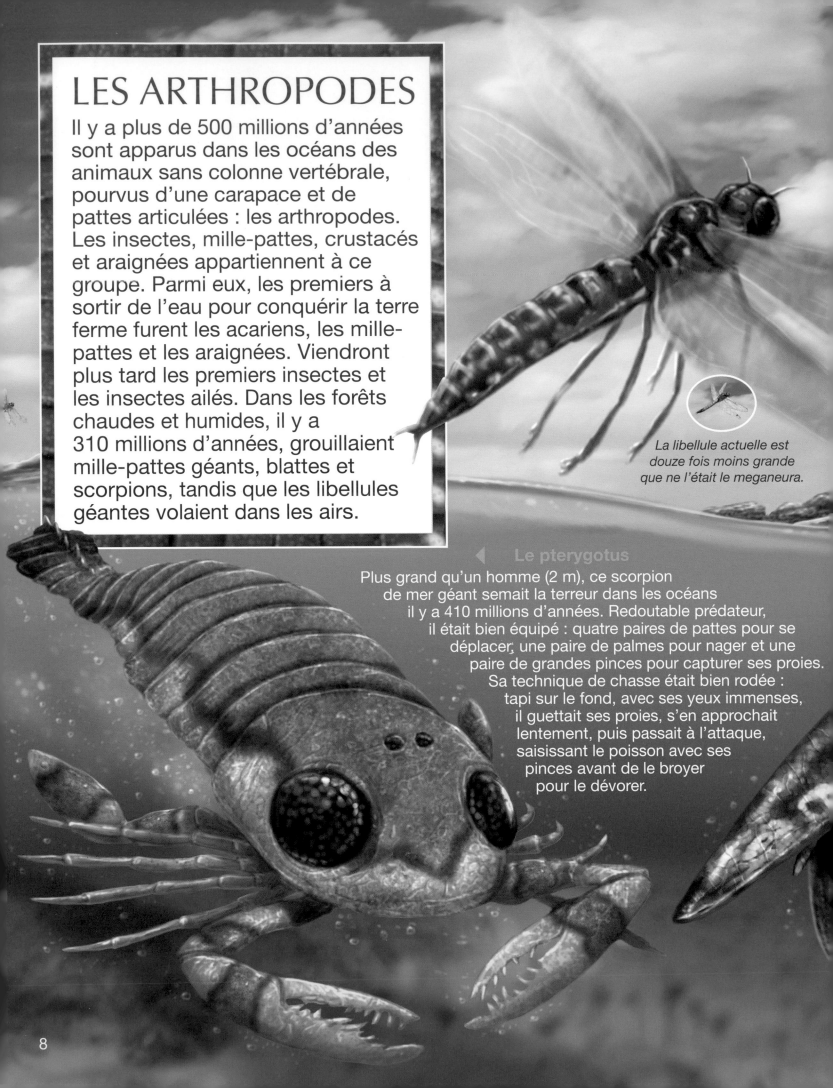

LES ARTHROPODES

Il y a plus de 500 millions d'années sont apparus dans les océans des animaux sans colonne vertébrale, pourvus d'une carapace et de pattes articulées : les arthropodes. Les insectes, mille-pattes, crustacés et araignées appartiennent à ce groupe. Parmi eux, les premiers à sortir de l'eau pour conquérir la terre ferme furent les acariens, les mille-pattes et les araignées. Viendront plus tard les premiers insectes et les insectes ailés. Dans les forêts chaudes et humides, il y a 310 millions d'années, grouillaient mille-pattes géants, blattes et scorpions, tandis que les libellules géantes volaient dans les airs.

La libellule actuelle est douze fois moins grande que ne l'était le meganeura.

Le pterygotus

Plus grand qu'un homme (2 m), ce scorpion de mer géant semait la terreur dans les océans il y a 410 millions d'années. Redoutable prédateur, il était bien équipé : quatre paires de pattes pour se déplacer, une paire de palmes pour nager et une paire de grandes pinces pour capturer ses proies. Sa technique de chasse était bien rodée : tapi sur le fond, avec ses yeux immenses, il guettait ses proies, s'en approchait lentement, puis passait à l'attaque, saisissant le poisson avec ses pinces avant de le broyer pour le dévorer.

Le meganeura

...viron douze fois plus grande que les
...ellules actuelles, cette libellule géante
...eignait 70 cm d'envergure. Survolant
...oute allure les forêts tropicales, les
...ières et les lacs, elle fonçait sur ses
...ies (des insectes suceurs de sève),
...'elle repérait de ses yeux perçants.
...e les capturait en vol, les saisissant
...ns ses pattes robustes et équipées de
...tes épines, et les dévorait sur-le-champ
...vec ses puissantes mâchoires. Vivant
il y a 310 millions d'années, c'est
sûrement l'un des plus grands
insectes ayant existé sur terre.

L'arthropleura ▼

Vivant il y a 310 millions d'années environ,
l'arthropleura, avec ses 2,60 m de long, fut sans
doute le plus grand arthropode terrestre de tous les
temps. Ce mille-pattes géant a laissé de nombreuses
empreintes fossilisées dans les roches en Europe et en
Amérique du Nord. Les paléontologues pensent qu'il
était herbivore, se nourrissant de végétaux comme des
fougères ou des prêles. C'est sans doute l'absence
de prédateurs qui a permis à cet arthropode
d'atteindre une taille aussi gigantesque.

▲ L'aegirocassis

Malgré sa taille impressionnante,
ce géant des mers était bien
inoffensif. Long de 2 m, il portait
sous la tête des soies qui lui
servaient à filtrer l'eau de mer
pour en récupérer le plancton
(de minuscules particules animales
ou végétales), comme le font
aujourd'hui les baleines. Il vivait
il y a 480 millions d'années.

Dans l'ombre des géants

À côté des arthropodes géants existaient
de petits arthropodes dépourvus d'ailes et
mesurant quelques millimètres seulement,
les collemboles. Le plus ancien collembole
fossile connu, le rhyniella praecursor, date
de 400 millions d'années et a été retrouvé
en Écosse. Peu après les arthropodes à
six pattes et sans ailes (dont font partie les
collemboles) apparurent des arthropodes
à six pattes ailés : les insectes. Parmi eux,
les parents des libellules, des blattes et
des criquets s'étaient déjà bien diversifiés
il y a 310 millions d'années, tandis que
ceux des punaises, des cigales et des
insectes à métamorphose (les scarabées,
par exemple) étaient encore rares.

LES PREMIERS AMPHIBIENS

Les amphibiens primitifs ont régné sur Terre bien avant les dinosaures. Apparus il y a 370 millions d'années, ils vivaient dans l'eau et avaient des plaques osseuses sur la tête. À la différence des poissons, ils ne possédaient pas de paires de nageoires, mais quatre membres terminés par des doigts, qui les aidaient à s'équilibrer. Il y a 335 à 330 millions d'années, certains d'entre eux s'aventurèrent sur la terre ferme. La plupart revenaient dans l'eau pour pondre leurs œufs.

Le mastodonsaurus ▼

Colossal avec ses 6 m de long, il avait une énorme tête qui occupait presque un quart de sa longueur. Deux dents de sa mâchoire inférieure étaient devenues si grandes qu'elles ressortaient à travers deux ouvertures dans sa mâchoire supérieure, telles deux défenses. Peut-être lui servaient-elles à bien saisir ses proies (poissons et amphibiens). Vivant il y a 242 à 235 millions d'années, il passait certainement beaucoup de temps dans l'eau.

L'eryops ▲

Cet amphibien géant de 2 m de long régnait en maître dans les marais d'Amérique du Nord il y a 295 millions d'années. Comme les poissons, il possédait des yeux en haut du crâne et une queue pour nager. Ses membres massifs pouvaient soutenir le poids de son corps sur terre, où il devait sans doute se déplacer de façon encore maladroite. Aussi partageait-il son temps entre l'eau et la terre ferme. C'était un carnivore. Il constituait lui-même une proie pour le dimétrodon (voir p. 13).

◄ Le diplocaulu

Son étrange tê triangulaire et plate ét ornée sur les côtés deux longues corne lui donnant l'allure d' boomerang. Peut-être c ornements lui servaient-ils séduire une partenaire ou encore intimider mâles rivaux et ennem menaçants. Le diplocaulus nage dans les eaux douces des rivièr il y a 290 à 260 millions d'année Au fond de l'eau, il march sur ses courtes patte

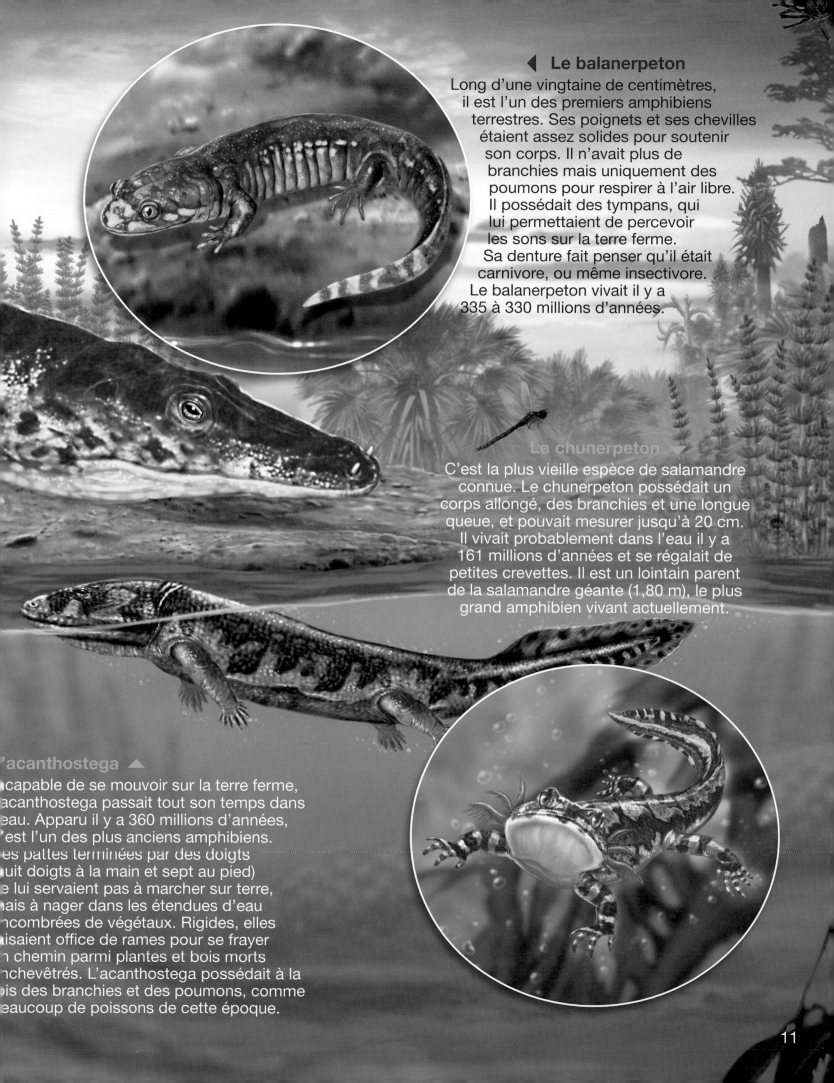

◀ Le balanerpeton

Long d'une vingtaine de centimètres,
il est l'un des premiers amphibiens
terrestres. Ses poignets et ses chevilles
étaient assez solides pour soutenir
son corps. Il n'avait plus de
branchies mais uniquement des
poumons pour respirer à l'air libre.
Il possédait des tympans, qui
lui permettaient de percevoir
les sons sur la terre ferme.
Sa denture fait penser qu'il était
carnivore, ou même insectivore.
Le balanerpeton vivait il y a
335 à 330 millions d'années.

Le chunerpeton ▼

C'est la plus vieille espèce de salamandre
connue. Le chunerpeton possédait un
corps allongé, des branchies et une longue
queue, et pouvait mesurer jusqu'à 20 cm.
Il vivait probablement dans l'eau il y a
161 millions d'années et se régalait de
petites crevettes. Il est un lointain parent
de la salamandre géante (1,80 m), le plus
grand amphibien vivant actuellement.

L'acanthostega ▲

Incapable de se mouvoir sur la terre ferme,
l'acanthostega passait tout son temps dans
l'eau. Apparu il y a 360 millions d'années,
c'est l'un des plus anciens amphibiens.
Ses pattes terminées par des doigts
(huit doigts à la main et sept au pied)
ne lui servaient pas à marcher sur terre,
mais à nager dans les étendues d'eau
encombrées de végétaux. Rigides, elles
faisaient office de rames pour se frayer
un chemin parmi plantes et bois morts
enchevêtrés. L'acanthostega possédait à la
fois des branchies et des poumons, comme
beaucoup de poissons de cette époque.

ORIGINES DES REPTILES ET DES MAMMIFÈRES

Il y a 315 millions d'années environ sont apparus des animaux qui n'avaient pas besoin de retourner dans l'eau pour pondre leurs œufs comme les amphibiens. L'œuf, fait d'une coquille étanche, dure ou souple, contenait une poche où le petit baignait dans un liquide reproduisant le milieu aquatique. Aussi, grâce à cet œuf, ces vertébrés purent conquérir la terre. Parmi eux, deux grands groupes : les sauropsides, qui donnèrent naissance aux reptiles actuels, et les synapsides, qui sont à l'origine de la lignée des mammifères.

▲ **Le postosuchus**

Tel un chasseur à l'affût, le postosuchus, un sauropside qui vivait il y a 230 à 200 millions d'années, guettait le passage de grands herbivores comme le placerias. Avec ses puissantes mâchoires en forme de poignards, ce grand carnivore de 4,50 m de long arrachait de grands lambeaux de chair à ses victimes. Lui-même était protégé par une cuirasse constituée de plaques osseuses qui recouvrait son dos.

Le sarcosuchus ▶

Aussi long qu'un bus avec ses 10 à 14 m, c'est l'un des plus grands crocodiliens de tous les temps. Amphibie, il partageait son temps entre l'eau des rivières et leurs rives. Au tableau de chasse de ce sauropside figuraient poissons, tortues, ptérosaures, crocodiles, lézards et même d'imprudents dinosaures herbivores venus s'abreuver. Il avalait ses proies sans les mâcher grâce à son énorme mâchoire garnie de 138 dents coupantes et pointues, toutes identiques. Dès qu'une dent tombait, aussitôt une autre repoussait ! Une solide armure, faite d'écailles de 30 cm, protégeait son cou, son dos et sa queue contre les prédateurs. Il vivait il y a 112 millions d'années.

Le dimétrodon ▶

Ce grand synapside carnivore de 3,50 m, qui vivait il y a 280 à 265 millions d'années, arborait sur son dos une spectaculaire voile tendue sur de longues épines et parcourue de vaisseaux sanguins. Peut-être servait-elle aux dimétrodons à se reconnaître entre eux ou bien faisait-elle office de radiateur et de climatiseur pour réguler leur température corporelle.

Avec ses longues dents tranchantes, le dimétrodon pouvait tuer des proies aussi grosses que lui.

◀ **Le placerias**

Ressemblant à un hippopotame, le placerias, synapside long de 3,50 m, était un gros herbivore. Il y a 220 à 215 millions d'années, il se déplaçait en troupeau pour chercher plantes et racines, qu'il déterrait avec ses courtes défenses et coupait avec son bec corné. Les placerias se déplaçaient lentement et étaient des proies faciles pour de grands prédateurs comme le postosuchus ou des dinosaures carnivores. Comme les hippopotames, ils devaient prendre des bains dans les rivières. Une bonne façon aussi d'échapper aux prédateurs !

▲ **L'oligokyphus**

Ce petit herbivore de 45 cm était probablement couvert de poils comme les mammifères, dont il est l'un des plus proches parents. Il vivait il y a 206 à 175 millions d'années.

LES REPTILES MARINS

À l'époque des dinosaures, de terrifiants reptiles marins régnaient en maîtres dans les océans. Leurs ancêtres étaient des reptiles terrestres retournés vivre dans l'eau et dont les membres s'étaient transformés en pagaies pour nager. Parmi ces reptiles marins, l'ophtalmosaure, au corps fuselé, ressemblait à un dauphin. L'élasmosaure avait un corps massif, une petite tête et un long cou. Le pliosaure avait au contraire un cou très court et une grosse tête. Enfin, le tylosaure ressemblait à un grand lézard.

L'élasmosaure ▼

L'élasmosaure, long de 14 m, était l'un des plus gros plésiosaures, il y a 99 à 65 millions d'années. Son cou, occupant les deux tiers de son corps, ne comptait pas moins de 72 vertèbres, un record chez les animaux ! Il lui était sans doute utile pour diriger et capturer ses proies (poissons, mollusque Grâce à ses puissantes mâchoires, il pouvait, à coups de dents, briser les coquilles des ammonite (sortes de coquillages), dont il se régalait. Il avalait aussi de petites pierres qui l'aidaient à broyer dans son estomac tout ce qu'il mangeait : des mollusques, des poissons osseux, des coquillages

L'ophtalmosaure ▶

Avec ses yeux énormes de 23 cm de diamètre, ce champion de plongée au corps trapu pouvait descendre jusqu'à 600 m de profondeur (voire 1 500 m) pour chasser des bélemnites. Un ophtalmosaure de 4 m pesant 950 kg était capable de retenir sa respiration pendant une vingtaine de minutes. Il devait ensuite remonter à la surface pour prendre une bouffée d'oxygène.

Le pliosaure ▲

Terreur des mers, le pliosaure semait la panique dans les eaux des régions polaires il y a 150 millions d'années. Il se propulsait dans l'eau à toute vitesse, à l'aide de ses pattes en forme de rames, à la poursuite de ses proies favorites : poissons, ichtyosaures ou tout autre reptile marin. Tueur redoutable, on pense qu'il pouvait infliger à sa victime une morsure bien plus puissante que celle d'un tyrannosaure. Cette espèce a été découverte en 2006 par des scientifiques norvégiens. En 2008, ils ont mis au jour un crâne de 2 m de long, évaluant la taille du reptile marin à 12 m environ.

L'élasmosaure, géant des mers au long cou, se déplaçait à l'aide de ses grandes palettes natatoires en « volant » sous l'eau, comme les tortues marines.

Le tylosaure ▼

Chasseur féroce, le tylosaure nageait en faisant onduler sa longue queue, comme les crocodiles. Il se mettait à l'affût pour guetter le passage d'une proie (poisson, mollusque ou autre reptile marin). Puis, propulsé par les mouvements puissants de sa queue, il fonçait sur elle. Il la saisissait alors dans ses terribles mâchoires garnies de dents coniques et pointues avant de l'avaler tout rond. On a retrouvé dans l'estomac d'un tylosaure des restes de requin, sans doute son dernier repas. Mais, à l'inverse, on a aussi découvert des dents de requin plantées dans les vertèbres d'un tylosaure, preuve que ce terrible chasseur pouvait à son tour être chassé ! Il vivait il y a 88 à 78 millions d'années.

L'ophtalmosaure, ci-dessus, vivait il y a 160 millions d'années. Son aileron dorsal assurait sa stabilité. Il changeait de direction en ramant avec ses membres en forme de pagaies.

L'archélon ▲

Il y a 70 millions d'années, cette énorme tortue de mer de 4 m de long et pesant 2 tonnes, l'une des plus grosses ayant jamais existé, nageait très vite pour échapper au terrible tylosaure. Sa carapace était recouverte de cuir, comme la tortue luth, la plus grosse tortue marine actuelle.

LES REPTILES VOLANTS

Les premiers vertébrés à s'élancer dans les airs furent des reptiles qui pratiquaient le vol plané d'arbre en arbre, comme le coelurosauravus. Puis, il y a environ 225 millions d'années, sont apparus les premiers reptiles qui volaient en battant des ailes, les ptérosaures. Les premiers, tel le rhamphorhynchus, avaient une longue queue et un petit cou. Vinrent ensuite des ptérosaures au crâne plus ou moins allongé, quasiment dépourvus de queue (caiuajara et quetzalcoatlus).

◀ Le rhamphorhynchus

Le rhamphorhynchus, long de 1,25 m, vivait il y a 150 millions d'années. Volant au ras de l'eau, il plongeait dès qu'il avait repéré un poisson et le harponnait avec sa mâchoire garnie de fines dents pointues. Sa longue queue, terminée par une membrane en forme de losange, devait lui servir de gouvernail pour diriger son vol. Comme chez tous les ptérosaures, l'aile était soutenue par le quatrième doigt de la main.

Un adulte caiuajara et son petit

Le coelurosauravus ▲

Tel un deltaplane, le coelurosauravus planait d'arbre en arbre pour chasser des insectes. Il est le tout premier reptile à s'être élevé dans les airs, il y a 250 millions d'années. Long d'une soixantaine de centimètres, il était équipé de longues ailes formées d'une membrane de peau tendue sur des baguettes osseuses. Ces ailes, en plus du vol, lui servaient peut-être à réguler sa température, car, exposées au soleil, elles captaient la chaleur.

▼ Le darwinopterus

[En] 2011, des paléontologues découvrirent pour [la] première fois un fossile de ce ptérosaure [prê]t à pondre un œuf, datant de 160 millions [d']années. Il s'agissait d'une femelle ; elle avait [de]s hanches plus larges que celles des mâles [et] ne possédait pas de crête sur la tête.

La coquille de son œuf était souple, alors qu'elle est dure chez les oiseaux. La femelle devait probablement enterrer ses œufs dans la terre, comme le font tortues et crocodiles actuels.

◀ Le quetzalcoatlus

Aussi grand qu'un petit avion de tourisme avec ses 12 m d'envergure, le quetzalcoatlus ne devait pas décoller facilement, il y a 70 à 66 millions d'années ! Des paléontologues pensent qu'il pouvait s'élever dans les airs comme une chauve-souris, mais d'autres doutent de ses capacités à voler, car battre des ailes et planer lui aurait demandé de grandes ressources d'énergie. Peut-être, comme les cigognes, cherchait-il au sol sa nourriture avec son bec édenté : restes de dinosaures, grenouilles, lézards, serpents, bébés dinosaures, etc.

On pense que le quetzalcoatlus se servait de son cou long de 3 m comme d'une canne à pêche géante pour attraper des poissons.

Au sol, les ptérosaures se déplaçaient à quatre pattes, leurs ailes repliées faisant office de béquilles.

◀ Le caiuajara

Il y a 90 millions d'années environ, ce ptérosaure arborait sur le haut de sa tête une gigantesque crête osseuse surmontée d'une membrane ressemblant à une aile de papillon, qui lui servait peut-être d'instrument pour se diriger en vol ou d'ornement pour séduire une partenaire. Les adultes, qui vivaient en groupe, mesuraient jusqu'à 2,35 m.

LES PREMIERS OISEAUX

Les oiseaux descendent de petits dinosaures couverts de plumes et munis d'ailes qui planaient d'arbre en arbre. Les premiers oiseaux étaient encore armés de griffes et de dents, qu'ils perdirent peu à peu. Plusieurs oiseaux primitifs disparurent en même temps que les dinosaures, il y a 66 millions d'années ; d'autres survécurent. Des oiseaux géants dépassèrent alors en taille les mammifères de l'époque. Puis les oiseaux évoluèrent pour donner naissance aux oiseaux actuels.

L'archéoptér

De la taille d'une poul
il est l'un des tout premie
oiseaux connus. Vivant il y
150 millions d'années, il av
encore une longue queu
des dents coniques et d
doigts griffus, comme l
petits dinosaures carnivor
à griffes. Mais, tel un oisea
il possédait déjà des ailes avec d
plumes lui permettant de voler sur
courtes distances. Il devait chass
des insectes et de petites proies
grimpait facilement dans les arbre

Le gargantuavis

Un oiseau géant vivant au milieu des dinosaures ? C'est la découverte stupéfiante que firent des paléontologues en mettant au jour des fossiles dans le sud de la France et le nord de l'Espagne. Ils le surnommèrent « oiseau Gargantua amateur de vin », car ses restes avaient été découverts sous des vignobles. Cet oiseau géant côtoyait les dinosaures il y a 72 millions d'années environ. À partir du fémur retrouvé, les paléontologues évaluèrent le poids de l'animal à 140 kg. Il devait être aussi grand qu'un homme (1,70 m). En revanche, il était probablement trop lourd pour voler.

Le pelagornis ▶

Cet oiseau de mer géant est probablement le plus grand oiseau à avoir jamais volé. Avec ses gigantesques ailes longues de 7 m, il ne devait pas décoller facilement. Peut-être se servait-il, tel un planeur, des courants d'air ascendants qui s'élevaient au-dessus de l'océan ou bien décollait-il depuis une falaise, nez au vent. Il vivait il y a 28 millions d'années.

Le gastornis ▼

e gigantesque oiseau marcheur de us de 1,50 m de haut ne volait pas. on le considérait autrefois comme n prédateur de petits mammifères, s scientifiques pensent désormais u'il était plutôt herbivore : son bec était épourvu de crochet pour déchiqueter viande, ses griffes n'étaient pas guisées et ses mâchoires avaient uffisamment de force pour broyer es tiges de plantes coriaces. Il vivait n Europe, en Amérique du Nord et en hine, il y a 60 à 45 millions d'années.

Le confuciusornis ▼

Grand comme un pigeon, il vivait il y a 130 à 120 millions d'années et était plus évolué que l'archéoptéryx. Il n'avait plus de dents, mais un bec. Il portait encore des griffes.

Le mâle confuciusornis était reconnaissable à sa paire de plumes allongées à l'arrière du corps, tandis que la femelle n'en portait pas. Peut-être ces plumes servaient-elles au mâle à faire la cour à sa belle.

Le phorusrhacos

Cet oiseau de terreur, mesurant 2,50 m de haut, faisait partie des grands oiseaux prédateurs qui régnaient en maîtres en Amérique du Sud il y a 23 millions d'années. Sa tête, presque aussi grande que celle d'un cheval, était équipée d'un bec crochu pour arracher des lambeaux de chair à ses proies. Ses ailes étaient trop courtes pour qu'il puisse voler. En revanche, avec ses pattes arrière longues et robustes, il pouvait pourchasser les mammifères herbivores, qu'il tuait à coups de bec et de griffes.

LE RÈGNE DES MAMMIFÈRES

Les mammifères ont cohabité avec les dinosaures pendant 160 millions d'années environ. Les tout premiers pondaient des œufs et allaitaient leurs petits. Plus tard apparurent des mammifères dont le petit finit de grandir dans une poche ou un repli de peau et des mammifères dont le petit se développe entièrement dans le ventre de sa mère. L'homme fait partie de ce dernier groupe. Tous ces mammifères vivaient sur terre, dans des terriers ou dans les arbres, dans l'eau, ou planaient dans le ciel.

▲ Le volaticotherium

Il y a 125 millions d'années, le volaticotherium, tel un planeur, étendait la large membrane qui reliait ses quatre pattes et sa queue et s'élançait d'arbre en arbre, à la recherche d'insectes. Il pouvait ainsi parcourir une centaine de mètres, à la manière des écureuils volants et des marsupiaux planeurs actuels.

Le morganucodon, le juramaia, le repenomamus et le volaticotherium vivaient en même temps que les dinosaures.

Le juramaia ▲

Datant de 160 millions d'années, il est notre plus lointain parent : la femelle portait probablement son petit dans son ventre, et celui-ci venait au monde tout formé. Ne mesurant pas plus de 10 à 15 cm (queue comprise), le juramaia, de ses dents pointues, brisait les carapaces des insectes dont il se nourrissait. Ses pattes étaient adaptées à l'escalade.

▼ Le morganucodon

Apparu il y a 220 millions d'années et pas plus gros qu'une musaraigne (10 cm avec la queue), le morganucodon est l'un des premiers mammifères. Il pondait des œufs et allaitait ses petits. Ce poids plume ne pesait pas plus de 15 à 20 g.

L'onychonycteris ▶

Les chauves-souris sont les seuls mammifères à s'être élevés dans les airs en battant des ailes. L'onychonycteris est aujourd'hui la plus ancienne chauve-souris connue. Elle mesurait 25 cm de long et 52 cm d'envergure. À la différence des chauves-souris actuelles, elle portait des griffes sur les cinq doigts (au lieu de deux) et elle ne possédait pas de sonar, un système de repérage sonore par lequel la plupart des chauves-souris se dirigent la nuit en écoutant les échos des ultrasons qu'elles émettent. L'onychonycteris devait chasser le jour grâce à sa vue et à son odorat. Elle vivait il y a 52 millions d'années.

Après la disparition des dinosaures (excepté les oiseaux), les mammifères grandirent, colonisèrent tous les continents et partirent à la conquête des airs et des océans.

e paraceratherium ▲

Cousin du rhinocéros, doté d'une tête de cheval et d'un cou de 2 m de long, il est sans doute le plus gros mammifère terrestre ayant jamais existé. Ce géant vivant il y a 34 à 23 millions d'années pouvait mesurer 6 m de haut, 9 m de long et peser autant que huit rhinocéros (20 tonnes environ). Herbivore, il lui fallait brouter chaque jour une tonne de fourrage pour être rassasié. Avec sa lèvre supérieure, il saisissait les jeunes rameaux et branches au sommet des arbres.

◀ Le repenomamus

Dépassant 1 m de long, pesant 12 à 14 kg, il faisait figure de géant parmi les mammifères vivant il y a 130 millions d'années et n'hésitait pas à dévorer de petits dinosaures herbivores. Comme preuve, on a retrouvé les restes d'un jeune dinosaure perroquet (psittacosaure) dans l'estomac d'un repenomamus.

L'ampelomeryx

Ce ruminant ressemblait au cerf par sa taille, mais sur la tête des mâles se dressaient deux os qui se soudaient sur le front, comme chez les girafes. Il portait en plus une grande corne à l'arrière du crâne. À la saison des amours, les mâles devaient se livrer à des combats rituels tête contre tête pour conquérir les femelles. Il vivait il y a 17 millions d'années.

Le procons

Il n'avait déjà plus queue, comme les grands sing actuels, dont il est le plus proche parent. Il y 18 millions d'années, il se déplaçait encore avec ses mai et ses pieds, à la manière des petits singes arboricole en se nourrissant de jeunes pousses et de fruits. Il n'av pas encore le cerveau développé qui caractérisera p la suite les grands singes : gibbons, orangs-outar gorilles, chimpanzés, bonobos et hommes.

L'archicebus

Ce petit tarsier, premier singe à queue, est le plus vieux primate connu à ce jour et aussi le plus petit : 7 cm pour pas plus de 30 g ! Il y a 55 millions d'années, il se déplaçait avec agilité dans les arbres grâce à sa longue queue et à ses doigts fins. Il se nourrissait d'insectes.

Le basilosaurus

Il y a 38 millions d'années, cette baleine, longue de 15 à 20 m, se déplaçait dans l'eau en faisant onduler sa longue queue. Elle fut l'une des premières baleines à vivre entièrement dans l'eau, alors que ses lointains ancêtres étaient des animaux proches des hippopotames, vivant sur la terre ferme. De ses ancêtres quadrupèdes elle a gardé de petites pattes arrière, ses pattes avant s'étant transformées en palettes natatoires. Elle se nourrissait de poissons et de mammifères marins.

L'hyracotherium

Le plus lointain cousin des chevaux a vu le jour en Amérique du Nord, en Asie et en Europe il y a 55 à 50 millions d'années. Pas plus grand qu'un chevreau, il courait avec agilité sur ses pattes avant à quatre doigts et ses pattes arrière à trois doigts.

L'hyracotherium vivait dans les sous-bois des forêts et se nourrissait de feuilles et de bourgeons.

◀ L'andrewsarchus

Ce mammifère impressionnant était le plus grand carnivore de son époque, il y a 40 millions d'années. Deux fois plus grand qu'un ours polaire (4 m), il ressemblait à une énorme hyène de plusieurs centaines de kilos. Arpentant les régions côtières de Mongolie, il semait la terreur parmi les grands herbivores. Avec ses dents massives et pointues et ses puissantes mâchoires, il déchiquetait la chair et broyait les os de ses victimes.

Le megatherium

Pour déguster ses feuillages préférés, le megatherium se dressait sur ses pattes arrière en prenant appui sur sa queue. Il était alors deux fois plus haut qu'un éléphant ! Puis il ramenait les branches vers lui à l'aide de ses bras aux mains griffues. Les longues griffes recourbées de ses pattes arrière l'empêchaient de marcher sur la plante des pieds, il s'appuyait donc sur les bords extérieurs de ses pieds pour se déplacer.

Il y a 17 à 1,6 milli d'années, on rencontrait deinotherium dans les fore humides, à proximité d points d'ea

Le megatherium vivait en Amérique du Sud, puis en Amérique du Nord, il y a 1,8 million d'années à 10 000 ans environ.

Le smilodon

Armé d'énormes canines en forme de poignards de 25 cm de long, ce terrible prédateur de la taille d'un tigre de Sibérie vivait il y a 2,5 millions d'années à 12 000 ans. Chassant à l'affût mammouths et bisons, il clouait sa pro au sol et plantait ses terribles « sabres » dans sa chair pour la saigner. Mais, ses canines étant fragile il ne pouvait mordre les os. Deux mille squelettes environ ont été retrouvés à Los Angeles. Les derniers smilodons ont été contemporains de l'homm Malgré son nom signifiant « tigre aux dents de sabre », le smilodon n'avait aucune parenté avec les tigres.

Le deinotherium

vec ses défenses recourbées vers le
us, à l'inverse de celles des éléphants
ctuels, ce monstre de 10 tonnes et
e 4,50 m au garrot comptait parmi
s plus grands mammifères terrestres
ant jamais existé. Sa courte trompe
servait à écarter les branches
arbre et à attraper les feuilles
ont il se nourrissait.

L'ours des cavernes ▼

Dressé sur ses pattes arrière, il devait atteindre la taille
impressionnante de 3,50 m. Pour se protéger du froid en
hiver, l'ours se réfugiait dans une grotte. À la belle saison,
il se gavait de végétaux, de graines, de fruits et de petits
invertébrés pour se constituer de solides réserves de
graisse, et hivernait plusieurs mois. C'est pourquoi on a
découvert de nombreux fossiles de cet ours dans les grottes
d'Europe, qu'il fréquentait
il y a 250 000 à 24 000 ans.

Le rhinocéros laineux ▼

Il arpentait les steppes du nord de l'Europe
et de l'Asie il y a 250 000 à 12 000 ans environ.
Bien adapté au froid grâce à son épaisse toison
laineuse, il se servait de sa plus longue corne
(mesurant 1,20 m), faite de poils comprimés,
pour dégager la neige recouvrant les végétaux.
En 2014, on a trouvé pour la première fois
en Sibérie un bébé rhinocéros laineux,
baptisé Sasha. Conservé dans le sol
gelé, il devait être âgé de 18 mois.

Le diprotodon ▶

e grand herbivore de 3 m
e long et de 2 m de haut est le
lus grand de tous les marsupiaux
nammifères dont le petit achève de
e développer dans la poche ventrale de
mère) ayant jamais existé. Deux énormes incisives
ointaient à l'avant de sa mâchoire. Pesant plus d'une
onne, il devait passer le plus clair de son temps dans
eau, comme les hippopotames. Vivant dans le sud
e l'Australie il y a 1,8 million d'années à 46 000 ans,
engloutissait jusqu'à 150 kg de végétaux chaque jour.

LES MAMMOUTHS

Cousins des éléphants, les premiers mammouths sont nés dans les savanes d'Afrique il y a 5,5 millions d'années. Plusieurs espèces ont évolué et se sont répandues en Europe, en Asie et en Amérique. Le dernier apparu, le mammouth laineux, a côtoyé les hommes préhistoriques, ainsi que beaucoup d'animaux de l'époque glaciaire, il y a 21 000 ans. Le mammouth grandissait toute sa vie, de même que ses défenses. Il vivait en troupeaux de dix à quarante animaux, dirigés par une femelle âgée. Les mammouths ont disparu il y a environ 10 000 ans.

Le mammouth laineux

Pour résister au froid rigoureux et aux vents violen qui balayaient la steppe d'Europe et d'Asie à la période glaciaire, le mammouth laineux était bien protégé. Il avait une peau épaisse de 2 cm, une couche de graisse de 8 à 10 cm stockant de l'énerg pour survivre quand la nourriture était rare, et trois sortes de poils : des sous-poils, une toison de crin au-dessus, de longs poils pouvant mesurer près d 1 m. Ses oreilles et sa queue laineuse étaient toute petites afin d'éviter les gelures.

Les hommes de Neandertal et les premiers Homo sapiens ont vécu pendant des milliers d'années avec les mammouths laineux. La carcasse d'un mammouth pouvait les nourrir pendant plusieurs semaines. Les défenses et les os leur permettaient de fabriquer des armes, des outils, ou de construire des huttes. Les peaux servaient à confectionner sacs et couvertures.

Le mammouth méridional

Gourmand de feuilles et d'écorces, le mammouth méridional habitait, il y a 2,6 millions d'années, les forêts d'Europe et d'Asie plantées de chênes, de frênes et d'érables. Comme le climat était doux, il n'avait pas de toison et devait ressembler à un éléphant. Mais il avait une tête en forme de dôme et ses longues défenses recourbées pouvaient atteindre 4 m. Vers 1,7 million d'années, certains mammouths méridionaux s'aventurèrent jusqu'en Amérique du Nord. Les derniers disparurent il y a 600 000 ans.

Un squelette très complet de mammouth laineux, baptisé Helmut, a été découvert en France, en Seine-et-Marne, en 2012. Près de son crâne, on a retrouvé des éclats de silex appartenant à l'homme de Neandertal.